"Eu não vou dizer que o Igor estava certo ao se envolver comigo ou que ele era um príncipe perfeito como eu pensava que era.

Também não vou dizer que ele se aproveitou da minha ingenuidade, mas talvez ele tenha se aproveitado de um sonho que eu cultivava.

Mesmo que tenha acontecido tudo muito errado, fiquei feliz por ele ter realizado meu sonho."

a Culpada.

Esta obra não é uma ficção literária. Toda a narrativa foi baseada em uma história real e adaptada para que não houvesse exposição desnecessária dos envolvidos. Essa publicação acontece com o consentimento e por livre expressão de vontade da vítima.

ATENÇÃO:

ESTE LIVRO APRESENTA CONTEÚDO NÃO RECOMENDADO SOB NENHUMA CIRCUNSTÂNCIA PARA CRIANÇAS, PESSOAS ABSOLUTAMENTE OU RELATIVAMENTE INCAPAZES!

A NARRATIVA É DEDICADA APENAS A ADULTOS!

EXISTE EXPOSIÇÃO EXPLÍCITA DE SENTIMENTOS ROMÂNTICOS CRIADOS EM UMA CRIANÇA ABUSADA EM RELAÇÃO AO ACUSADO QUE PODEM GERAR REVOLTA OU GATILHOS!

NÃO RECOMENDADO A PESSOAS SENSÍVEIS. CONTÉM SUICÍDIO, DEPRESSÃO, VIOLÊNCIA SEXUAL E PSICOLÓGICA E USO DE DROGAS POR MENORES.

SEJA UM LEITOR RESPONSÁVEL!

PEDOFILIA: *substantivo feminino - (PSICOPATOLOGIA)*

Perversão que leva um indivíduo adulto a se sentir sexualmente atraído por crianças.

Prática efetiva de atos sexuais com crianças (p.ex., estimulação genital, carícias sensuais, coito etc.).

PEDOFILIA É CRIME! *No Brasil, a idade de consentimento para o sexo, em geral, é de 14 anos, conforme o novo artigo 217-A do código penal, modificado pela lei n° 12.015/2009, artigo 3°. O artigo 217-A do Código Penal define como "estupro de vulnerável" o ato de "ter conjunção carnal ou praticar outro ato libidinoso com menor de 14 anos, com pena de reclusão de 8 a 15 anos, independentemente de ter havido violência real." Ou seja, se um menor de 14 anos praticar algum ato sexual, presume-se legalmente a violência sexual, ainda que tenha realizado o ato por livre e espontânea vontade.*

PREFÁCIO

Eu poderia ter escrito livros sobre diversos outros temas, mas escolhi essa reflexão densa por sentir que chegou o momento de todos entenderem a causa para que as vítimas destes crimes se calem.

O texto é um relato sobre um caso de pedofilia específico, contado sob a percepção da vítima.

Tentei trazer todos os elementos, que eu julguei necessários e riqueza em detalhes para que o leitor consiga compreender e gerar empatia com os sentimentos que a vítima produziu enquanto sofria o abuso.

Após essa leitura, espero que eu consiga despertar em você uma crítica pouco explorada sobre um tipo de crime muito complexo, onde as vítimas, em sua maioria, sentem vergonha do carinho que sentiram pelo agressor e principalmente o medo da culpa que os julgamentos sociais podem a obrigar a carregar.

É muito fácil culpar alguém quando não somos este alguém ou quando não somos envolvidos por situações no mínimo próximas a que este alguém viveu.

Se você já amou alguém em sua vida e essa pessoa era a mais importante para você naquele momento, se você já sentiu que o seu mundo se traduzia naquela pessoa, se você já esteve ao lado de alguém e não queria sair de sua presença em nenhum momento, você vai conseguir compreender tudo que está escrito aqui e o meu objetivo.

"Quando um livro é publicado,
pode machucá-lo.

Mas antes que ele o
machuque, eu tive que me machucar
primeiro.

Só posso dizer sobre você o
tanto que consigo dizer sobre mim
mesmo".

James Baldwin

Dica:

O álbum _Lost Highway_(2007) da banda americana Bon Jovi, é a trilha sonora que acompanhou todos acontecimentos desta história.
Te convido, se possível, experenciar a leitura ouvindo este álbum. Dediquei uma faixa da banda citada acima, para cada capítulo que você vai ler a seguir!
Como sugestão, você pode encontrar todas as músicas gratuitamente no site:

https://www.kboing.com.br/bon-jovi/

Desejo a você uma boa leitura e uma ótima imersão reflexiva!

Ah, o carro da imagem abaixo é uma peça importante deste livro.

Foto do Escort XR3.
https://www.noticiasautomotivas.com.br/escort-xr3/

INTRODUÇÃO

Confesso que me senti mal ao descrever minha história, precisei voltar a sentir todo aquele carinho e amor que sentia pelo meu abusador de anos atrás, por um momento, reviver a dor de lidar com a perda de alguém que eu amava muito.

Após anos me culpando por terem descoberto nosso caso, por ter amado um homem casado e por ter destruído uma família, eu finalmente despertei-me daquela inércia em que eu vivia. Passei a entender que aquela culpa não era minha, que ele era um adulto e eu era uma criança!

Hoje, adulta e totalmente responsável por meus atos, vejo meninas de 12 ou 13 anos de idade em sua inocência de amar os garotos de suas escolas ou galãs de novela, então percebo o quanto eu fui usada. Eu era exatamente como elas, em busca de um príncipe encantado que hoje eu entendo que era apenas algo criado por uma obra de ficção.

Diferente dos contos de fadas, o meu príncipe não veio em um cavalo branco forjando uma espada para me salvar. Ele veio em um carro, usando doces palavras e uma mente doente. Diferente dos contos de fadas, a história deste livro não é uma ficção, eu queria que fosse, eu queria acreditar que nada disso aconteceu de verdade.

*O que mais me causa dor, é saber que todas essas crianças que eu vejo crescer são potenciais vítimas dos príncipes sem inocência e sem cavalos. Pior ainda é saber que estão desamparadas e que serão vistas como pervertidas por acreditarem nas mesmas ficções que eu

acreditei e que me levaram a criar a
minha falsa ideia amor.

CAPÍTULO I

Minha Infância

 (Jon Bon Jovi, Sambora, Falcon) - 4:38

Em uma manhã de outono eu caminhava bem desajeitada, minha mãe me segurava por uma mão enquanto eu andava saltitando. A pequena mochila vazia bem desajustada saindo de meus braços por culpa de minha hiperatividade infantil, enquanto minha mãe me dizia impaciente:

_ Vamos menina, ande direito! Você vai se machucar e ainda sujar seu uniforme!

_ Bom dia, mocinha! Como você está linda! Está animada para ir para escola, não é?

_ Sim! _ eu sorria enquanto afastava com minha pequena mão alguns dos meus cachos acastanhados que cobriam meus olhos negros.

_ Cuidado com os namoradinhos! _ Me dizia o simpático senhor no ponto de ônibus com uma voz suave e rouca que parecia se preocupar comigo, enquanto minha mãe se apressava para eu não me atrasar ao meu primeiro dia de aula.

_ Vamos, Gabi! Você vai se atrasar!

_ Tá booom! _ Eu dizia enquanto acenava para ele. _ Tchau, moço!

E assim eu começava a criar minha vida social! Não vou pontuar as diversas histórias sobre príncipes encantados que salvaram as princesas de suas vidas terríveis, prefiro contar a você como se deu a formação em meu subconsciente do significado da palavra amor.

Queria te dizer que hoje, com meus 20 e poucos anos, eu li, entendi e concordei com o Dr. Sigmund Freud na obra "_Três Ensaios sobre a Teoria da Sexualidade_, 1905". Conhecendo e compreendendo essa obra, somente hoje, eu me pergunto como eu poderia imaginar, ainda criança, que todas aquelas histórias de princesas poderiam nos tornar tão dependentes de um relacionamento amoroso e/ou sexual? Pior ainda, como eu poderia imaginar que a escassa presença paterna em minha vida iria causar uma confusão em meus pensamentos que me levaria a errar tanto desde cedo? Enfim, não dava para saber, ninguém podia prever e poucos pensaram nisso além do Dr. Freud. Acho que ninguém leu ou se preocupou em explicar o livro "_Três_

Ensaios Sobre A Teoria Da Sexualidade" aos meus pais e professores e em minha cidade talvez ninguém nunca tenha se interessado pelo que este famoso doutor com livros tão fascinantes e ao mesmo tempo tão incompreendidos, por serem considerados impuros para os mais conservadores.

Mas vamos deixar o doutor de lado, ele será assunto principal para uma outra história. Vou falar um pouco mais sobre a minha confusão, agora que eu já te disse o nome da mente brilhante que ajudou diretamente em meu processo de auto cura.

Eu cresci com a imagem de senhores simpáticos que me elogiavam e me diziam (por brincadeira) para eu ter cuidado com os menininhos da minha idade. Isso me trazia a ideia de que estes senhores seriam meus protetores, e eles acabavam por se tornar os amores da minha vida. É estranho, mas eu os via como os príncipes encantados que iriam me salvar, ou ainda como os mocinhos das novelas que amavam infinitamente suas parceiras e nunca as machucariam, eram perfeitos o tempo todo e é óbvio que esses romances inocentes vinham acompanhados do famoso clichê: "E viveram felizes para sempre!" Aaah... Que prato lindo ilusão me ofereceram e eu devorei! Ao invés de comparar estes senhores com o meu pai, eu os relacionava mentalmente aos príncipes. Isso pode ser facilmente justificado pelo fato de que meu pai não era aquele homem responsável que se espera ter em uma família, mal nos alimentava e mentia muito para minha mãe, então, criei a seguinte equação:

Pai = Traidor e ausente.

Homem desconhecido + uma boa ação = Príncipe encantado das histórias.

Entendeu? Parece confuso, eu sei, mas é exatamente isso que aconteceu na minha cabeça!

Minha mãe, Beatriz, se casou grávida sendo assim eu sempre tinha a mesma idade que o casamento de meus pais. Meu pai foi pastor de uma igreja, não conseguia se fixar em nenhum emprego, tudo que tínhamos em casa vinha do pouco que minha mãe recebia como empregada doméstica ou de doações que os membros de uma outra igreja que minha mãe frequentava nos doava. Sim, meu pai era pastor em uma igreja, mas minha mãe frequentava outras por não suportar a má índole do meu pai. Ele usava a religião para esconder as várias amantes que tinha.

Com 12 anos de casamento, minha mãe, decidiu colocar um fim na relação tóxica que mantinha com meu pai, eles permaneciam juntos apenas por minha mãe acreditar que o divórcio poderia atrapalhar o desenvolvimento social e psicológico meu e do meu irmão caçula, o Davi.

Enfim, se separaram! Agora éramos somente nós três: eu, ela e Davi (na verdade sempre foi assim, agora apenas se formalizou).

Logo após a separação minha mãe conheceu um outro cara. Ele se chamava Álvaro, era bem mais velho que meu pai, aparentava ser amigável, falava pouco, era magro, alto, cabelos brancos, morava com seus três filhos que criou sozinho, um verdadeiro "homem de família", o seu único defeito era gostar de se embebedar e fazer festas todas as semanas com seus pais, irmãos e sobrinhos. Com o passar das semanas nós três começamos a frequentar essas festas. A essa altura meu pai já havia vendido nossa casa e nós acabamos indo morar na casa do meu novo padrasto.

Era tudo perfeito, Álvaro jamais nos tratou de forma desrespeitosa, muito pelo contrário, falava apenas o essencial comigo e meu irmão. Nessa altura eu era a criança mais feliz deste mundo, pensava que finalmente minha mãe havia encontrado o príncipe encantado dela e minha família iria começar uma nova vida junto a família de Álvaro. Não poderia ser melhor, não existiam brigas nem mesmo com os nossos novos meios-irmãos. Álvaro sempre passeava com minha mãe, não faltavam alimentos na nova casa. Eu tinha certeza que ele era o príncipe da minha mãe!

Os meses foram se passando, nossas famílias cada dia se uniam mais, eu já havia feito amizades com as sobrinhas de Álvaro, eu brincava e dançava com elas. Eu já passava a considerar nossa família como a mais perfeita que eu poderia ter, e jamais poderia imaginar que ali estaria à venda meu passaporte para a morte

CAPÍITULO II

O Príncipe

 (Jon Bon Jovi, Sambora, Gordie Sampson) - 4:03

Chegou meu aniversário de 13 anos e junto com a idade chegou minha menarca. Os meninos e os rapazes mais velhos da escola já me olhavam de forma diferente e eu pensava que estava se aproximando o momento de encontrar, o meu príncipe prometido. Eu tinha certeza que um dos meninos da escola iria querer estar ao meu lado, e assim foi. Eu conheci Michael, ele tinha 12 anos, era doce e nós finalmente nos beijamos alguns dias após nos conhecermos (foi estranho meu primeiro beijo, minhas amigas que já tinham beijado diziam que era ótimo, mas confesso que eu achava a ideia nojenta da minha boca na de outra pessoa!). Um dia Michael me enviou um bilhete com um pedido de namoro, ele era tímido e eu ainda mais, eu aceitei, mas disse a ele que precisaria conversar com minha mãe, ela teria que aprovar e permitir nosso namoro.

Michael foi ao encontro de minha mãe. Ela não sabia de nada! Eu sabia que a resposta seria negativa se eu falasse com ela. Ela sempre me aconselhava dizendo que eu era muito jovem para namorar, mesmo que esse namoro fosse caracterizado apenas por andar de mãos dadas e com poucos beijos inocentes.

No dia em questão, estava sendo realizada uma festa na casa de Igor, o irmão caçula de Álvaro. Eu passei o endereço da festa ao Michael e ele foi até lá, chamei minha mãe para sair do local e conversar com ele na rua, longe dos olhares da família. Para minha tristeza, minha mãe não gostou nada da surpresa e não permitiu que Michael se tornasse o meu príncipe.

Ela foi compreensiva, disse que nós poderíamos ser amigos e nos ver sempre, mas que deveríamos esperar ao menos meus 15 anos para assumir um namoro. Minha mãe temia muito pelo meu futuro, ela não queria que ocorresse comigo o mesmo que ela viveu com meu pai, que eu me casasse cedo demais e que tomasse decisões por obrigação como ela precisou fazer por estar grávida.

Igor tinha um corpo robusto, não era tão alto, cabelos negros ondulados e brilhantes que lhe tocavam os ombros, bebia mais que Álvaro e não se parecia em nada com o irmão, gostava de ouvir rock clássico e músicas dançantes, era romântico e dava para perceber esse romantismo quando ele colocava os discos de _Whitney Houston_ para tocar e seus olhos lacrimejavam. Sua personalidade transitava entre o romantismo e seu pensamento moralista e conservador, não aceitava indisciplina, em alguns momentos expressava certa arrogância, agia como se fosse um militar em comando.

Enquanto eu retornava chorando pra festa por minha mãe não permitir meu namoro, eu percebi que Igor assistiu toda a cena pela janela de sua casa.

Minha mãe começou a contar aos familiares o que havia acontecido, Igor ouvia minha triste história enquanto se afogava em vinho e começava a me intimidar com um olhar de julgamento. Confesso que me dava medo, mas junto ao medo era como se aquele olhar estivesse me dizendo que eu não podia namorar para evitar que algo ruim me acontecesse, assim como minha mãe temia. Ele me olhava e balançava sua a cabeça em sinal de negação enquanto dizia a primeira frase que ouvi de sua boca durante todo aquele dia, aprovando a atitude de minha mãe:

_ Você está certa! _ continuando a beber.

As horas se passavam e aqueles adultos cada vez mais bêbados conversavam sobre variados assuntos, acredito que se esqueceram rápido do ocorrido com o querido Michael. Ufa, eu deixei de ser o foco da festa, enquanto Igor incorporava o ofício de DJ com seus CDs antigos e começou a falar comigo:

_ Hey! Quer escolher uma música?

_ Não, obrigada!

_ Aaah, vamos! Me diz o que você quer ouvir que eu coloco, garanto que tenho qualquer música que você quiser aqui.

_ E se você não tiver a música que eu te falar?

_ Bem, então eu consigo com alguém que tenha! Você nunca sorri mesmo ou é porque não gosta de mim que está assim?

_ Não tem nada disso, eu mal te conheço, porque eu não gostaria de você?

Permanecemos em um silêncio constrangedor se encarando até Igor me virar as costas e eu quebrar o momento:

_ Ah, "tá" bem! Então eu quero ouvir Bon Jovi!

_ Ótima escolha! Eu te disse que teria, aqui está, Bon Jovi_ e colocou para tocar a música *"It's My Life"* da minha banda preferida.

Eu escutava a música e fingia não perceber o quanto ele me encarava enquanto eu assistia ao vídeo clipe. Eu sempre fui muito tímida, sinto-me incomodada se as pessoas ficam me olhando, mas pensei que não precisava me importar, ele estava bêbado e talvez nem percebesse que estava me incomodando, me olhava fixamente sem esboçar nenhuma reação. Este olhar me fazia arrepiar por dentro e por fora, eu já não sabia se era bom ou ruim me sentir daquela forma.

Igor deixou o DVD tocar até o final, quando o player parou, ele colocou o disco na capa de proteção e me entregou dizendo:

_ É seu agora! _ eu aceitei e quando peguei, ele disse sorrindo: _É um presente para você se lembrar de mim e poder sorrir quando me ver novamente.

Eu me senti feliz, mas não sorri pra aquele cara esquisito! Apenas disse um "Obrigada" e me retirei junto aos outros que estavam na casa de Igor.

As festas de família ficavam cada vez mais recorrentes, elas estavam acontecendo em todos os finais de semanas. Em uma dessas, Igor me tirou para dançar, eu fui, até porque ele já tinha dançado com quase todos que estavam ali. Ele me abraçava bem forte, não era muito mais alto que eu, mas ainda era alto o bastante para eu ter que levantar meu rosto e visualizar o dele.

Ele era o cara mais ridículo das festas na maior parte das vezes, bebia tanto que certa vez chegou a dormir no chão do salão, mas eu não podia negar que ele era a pessoa que mais conversava comigo nas festas. Ele estava se tornando meu melhor amigo, apesar da diferença de idade, eu com 13 e ele com 40 anos, ele ainda era a melhor companhia que eu tinha depois de minha mãe e meu irmão.

Então, chegou a vez da festa acontecer em nossa casa, após o dia todo bebendo, todos os adultos já estavam rindo de tudo e qualquer coisa, gritando suas canções apaixonadas e eu só conseguia rir daquela cena!

A essa altura o Michael já tinha se esquecido de mim e eu soube que ele estava namorando uma colega minha de escola, mas tudo bem, eu já não me importava. O Igor me fez esquecer aquele momento triste que vivi. Enquanto eu assistia os cantos fervorosos dos festeiros, Igor se aproximou e se posicionou atrás de mim sem que eu o percebesse, deslizou suas mãos em meus dois braços até segurar minhas mãos. Era bom, era um toque suave. Em seguida ele me abraçou com os braços por cima dos meus ombros sem dizer nenhuma palavra, eu permiti e sorri. Éramos amigos, não parecia errado aquilo!

Depois que a festa terminou se iniciou o meu problema, eu me peguei pensando no Igor, ele me abraçou como ninguém nunca havia feito e eu havia gostado! Comecei a me perguntar se o Igor poderia ser meu príncipe. Mas desfiz meu pensamento concluindo o quanto aquilo era absurdo e impossível. Se minha mãe não havia aceitado meu namoro com o Michael que era mais jovem do que eu, ela nunca iria aceitar com o Igor, de 40 anos! E pra piorar, o Igor era casado, ele tinha duas filhas, uma delas era até mais velha do que eu. Como ela reagiria tendo uma madrasta mais jovem e que estudava na mesma escola que ela? Não tinha como isso dar certo!

Eu passei a semana inteira me perguntando o que iria acontecer em seguida e sentia muita falta do Igor, precisava ver ele novamente. Comecei a pensar que aquele sentimento era errado, ele era apenas meu amigo, tinha apenas carinho por mim, já tinha sua princesa, na verdade, sua rainha. Era ridículo e impossível pensar que ele poderia ser meu príncipe?

CAPÍTULO III

O Beijo de Cinema

Aproximava-se o final de semana, mais uma festa já estava marcada, dessa vez seria na casa da mãe de Álvaro e Igor. Aquelas festas patéticas se tornavam cada vez mais interessantes para mim, eu sabia que ao chegar lá encontraria o Igor e tinha certeza absoluta que ao menos um abraço ele iria me dar.

Chegando na festa, tudo se repetia, beberam o dia todo, somente eu e as outras crianças ficávamos sãos. Eu estava com minha melhor roupa, usava shorts jeans e uma camisa branca com a foto da minha banda favorita -Bon Jovi- amarrada acima do umbigo. Sei que é estranho, mas havia escutado em algum lugar que mostrar a barriga deixava as mulheres mais atraentes e por isso amarrei a camisa daquela forma.

Acho que deu certo, o Igor me olhava como nunca e eu nem estava perto dele, mesmo de longe ele assistia cada movimento meu, enquanto eu jogava futebol na rua com as outras crianças ele ficava me acompanhando com os olhos, me encarando daquela forma que me fazia tremer e ter medo. Já não sabia o que era aquele sentimento, mas parecia não ser mais de medo aquele tremor que percorria meu corpo, não sabia qual nome dar a isso naqueles tempos, era uma sensação nova, nunca havia me sentido dessa forma antes. A essa altura eu me afastava de Igor intencionalmente tentando desfazer o pensamento de que ele talvez fosse meu príncipe. Mesmo me afastando, eu gostava de atrair o seu olhar, me sentia especial e mais bonita.

Quando eu voltei para dentro da casa, todas as pessoas estavam no segundo andar e para minha surpresa, apenas o Igor estava na parte inferior da casa. Eu tremia mais! Teria que passar ao lado dele. Respirei fundo e passei olhando para um ponto fixo na escada que me levaria ao segundo andar. Ele segurou meu braço, freando os passos largos que eu dava ao tentar acessar o andar superior e me juntar aos outros. Voltei meu olhar a ele:

_ O que foi? Por que você está me segurando? Aconteceu alguma coisa?

_ Eu preciso falar com você, mas você precisa me prometer que não vai contar pra ninguém. Promete?

_ Tudo bem, eu prometo, mas pode soltar o meu braço? Está me machucando!

_ Ok, na verdade eu quero te pedir uma coisa! _ Ele falava ainda sem respeitar a ordem que dei para me soltar.

_ Então diga! O que quer?

_ Me dá um beijo? Mas quero um beijo de verdade, na boca, igual nos filmes!

Eu congelei por um segundo e disse um "sim" quase inaudível. A forma como ele me olhava me fez dizer "sim" sem hesitar, comecei a pensar que ele estivesse louco. Ele apertava mais forte meu braço e ouvindo meu "sim", me puxou para si, colando nossos corpos e me beijou por mais de dez segundos, eu nunca tinha beijado ninguém daquela forma, ainda mais por tanto tempo, só havia beijado o Michael antes do Igor. E se eu não soubesse beijar direito? E se ele não quisesse mais falar comigo depois desse beijo?

Era um beijo gostoso, era muito diferente do beijo do Michael, e tinha um gosto diferente que só fui descobrir depois de um tempo que era de bebida alcoólica.

A festa já estava no final quando ele me beijou, todos voltaram para suas casas e eu não parava de pensar naquilo que havia acontecido.

É bem verdade que eu queria beijar um dos atores das novelas, os galãs que eram bem mais velhos que eu, com idades até mais avançadas que a do Igor, mas agora era vida real! Eu nunca imaginei que isso poderia acontecer na vida real! Eu deveria ser muito linda ou então muito sortuda para atrair a atenção de um homem tão experiente com apenas 13 anos, ele parecia completamente apaixonado por mim! Haviam tantas mulheres mais velhas e lindas que se maquiavam, tinham seios grandes e andavam sobre salto-alto. Mas não! Era comigo que ele queria ficar, eu que tinha seios pequenos, que só andava de tênis e sem nenhum batom ou perfume! Ele tinha a rainha dele com ele, mas queria a mim!

Eu fui dormir aquela noite com a cabeça cheia de planos para o nosso futuro. Queria saber como iríamos assumir para a família o nosso amor e o que deveríamos fazer para que nos aceitassem juntos, aliás, ele era um homem casado que teria que se divorciar de sua rainha para ficar comigo, não ia ser fácil para ele passar por isso, afinal, ele não esperava me conhecer e precisar abandonar a rainha dele.

CAPÍTULO IV

Isso é Amor?

Eu ia para a escola às 6:30 da manhã todos os dias, saía de casa e andava em média 2 Km para chegar ao local onde o ônibus escolar me buscava. Aconteceu que na semana após o beijo, mas exato, na quinta-feira após o beijo, no meio do meu trajeto eu identifiquei um carro que não era estranho para mim, era um Ford Escort Xr3 com uma cor vermelha inconfundível, era um vermelho brilhante que se destacava ao longe, existia apenas um carro desse modelo e nessa cor na cidade inteira, e pertencia ao Igor.

Eu fingi não o ver parado na segunda esquina da minha casa e continuei andando, o carro se aproximou e abaixou os vidros escuros, eu gelei novamente, ele pediu para que eu parasse e entrasse no carro por que queria conversar comigo, aproveitaria e me daria uma carona até o colégio.

Entrei no carro e Igor me beijo apaixonadamente, como se fosse a última vez que me beijaria, antes mesmo que eu me acomodasse no assento, me puxou para o seu colo me fazendo sentar sobre suas pernas de forma desajeitada, me apoiando frente a seu peito e me beijando intensamente. Poderia passar alguém a qualquer momento e ver aquela cena, mas ele não parecia se importar com isso.

Quando parou de me beijar ele me olhou sorrindo e disse:

_ Eu te amo!

Eu não sabia o que responder e disse apenas:

_ Eu também.

_ Precisamos conversar urgentemente.

_ O que aconteceu? Você não vai querer me ver mais? _ Era o que eu pensava após aquele longo beijo desesperado.

_ Não é isso, de jeito nenhum, nunca mais pense nisso, eu quero ter você comigo pelo resto da minha vida _ E sorriu.

_ Então o que quer me falar?

_ Eu estou preocupado com o que está acontecendo entre a gente, eu não queria fazer nada disso, sei que é errado, estou traindo minha esposa e ninguém vai aceitar nossa relação por causa da sua idade, posso ser até preso por sua causa, sabia?

_ Sim, eu sei, talvez seja melhor pararmos por aqui!

_ Sim, seria o certo a se fazer, mas como te disse, eu te amo! Não consigo mais ficar longe de você, minha pestinha! (Risos) Você é mais perfeita que qualquer mulher que já conheci em toda minha vida. Você nem parece ter treze anos, seu beijo é melhor que o de qualquer outra pessoa.

_ Eu também queria ficar com você Igor, você é o príncipe que eu sempre esperei, quero estar com você para sempre.

_ Nós podemos continuar juntos, mas pelo ao menos por enquanto, ninguém pode saber sobre nós, você precisa ficar mais velha para que ninguém consiga atrapalhar nosso amor, se descobrirem o que estamos fazendo... Nossa! Eu não quero nem pensar no que vai acontecer com a gente.

_ Fique tranquilo, eu não vou contar a ninguém, mas me promete uma coisa?

_ Tudo que você quiser!

_ Me promete que quando você beijar sua esposa, você não vai me encontrar? É nojento eu te beijar depois que ela te beijou!

_ Hahaha! Isso é o mínimo que eu posso fazer por você agora, minha linda! Eu prometo! Já faz tempo que eu não beijo ela, nós apenas moramos juntos, mas ela não me ama e eu também não sinto mais nada por ela.

_ Certo, agora vamos, eu preciso estudar, se eu me atrasar não vou poder entrar na escola!

_ Vamos então, pestinha! (risos)

Igor me deixou perto da escola, não tão perto para a filha dele não me ver sair do carro. Eu fui estudar feliz, ele disse que me amava! Foi igual aos filmes que eu assistia, meu príncipe havia aparecido e eu não podia acreditar que aquilo tudo era real!

Eu sempre fui uma menina estudiosa, tirava notas altas, tinha poucos amigos e era raro eu ser repreendida pelos professores. Acho que fui uma boa filha também, apesar de ser um pouco sapeca, sempre amei muito minha mãe e evitava arrumar problemas na escola que tirariam o sossego dela.

CAPÍTULO V

As Noites De Domingo

⌐ ▶Hallelujah (Jon Bon Jovi singing Leonard Cohen)

Meus encontros com Igor aumentavam, ele passou a me levar quase todos os dias para a escola. Ninguém desconfiava de nada, estava tudo conforme havíamos planejado. Eu ainda era virgem, obviamente, e ele disse que esperaria a meu tempo e que não iria me obrigar a fazer nada, ao mesmo tempo também dizia que era o que ele mais queria de mim, sempre perguntava se alguém já havia me tocado intimamente.

Eu não queria perder minha virgindade ali, em um carro, em qualquer esquina, além do mais, eu era evangélica! Minha religião me ensinava que eu deveria me manter pura até meu casamento, eu dizia isso a ele e ele sempre ria, fazia piadas sobre minha religiosidade e dizia que ninguém seria capaz de evitar por tanto tempo isso.

Começamos a nos encontrar aos domingos em que haviam cultos na igreja, que era o único lugar que eu podia frequentar sozinha, ninguém jamais imaginaria que uma menina que sempre ia à igreja estaria se encontrando com um homem casado, acabei fazendo como meu pai fazia, usando a religiosidade para esconder meus erros. Essa era a única forma que eu encontrei para sair durante a noite após tantos pedidos de Igor querendo me levar para passear. Eu saía de casa e o Igor já me esperava duas esquinas abaixo de minha casa, eu entrava no carro e íamos sempre para um local diferente.

Logo no primeiro domingo, Igor levou uma garrafa de vinho e algumas cervejas no carro, eu nunca tinha bebido antes, mas agora que eu estava com ele, eu já me considerava responsável, inicialmente eu não queria beber, mas ele insistiu e dizia que eu iria amar a sensação. Foi neste dia que eu comecei a beber, bebemos uma garrafa cheia de vinho juntos, e eu passei a me sentir sonolenta e acabei dormindo com a cabeça no colo dele. Acordei quase uma hora depois com ele acariciando meu corpo em áreas que ninguém jamais havia tocado. Eu acordei assustada e afastei suas grandes mãos em um impulso. Ele pedia para que eu deixasse ele me tocar, dizia que um simples carinho não iria tirar minha pureza, eu pedi pra ele parar e ele parecia não ter gostado da minha negação, voltando a apresentar aquele olhar que me causava medo:

_" Tá" certo, então vamos embora! Vou te deixar na sua casa, já passou da hora de criança ir dormir.

_ É isso que você pensa sobre mim, Igor? Se eu sou uma criança, porque está saindo comigo?

_ Cale a boca! É isso que eu penso de você agora, não posso sequer encostar em você que já reclama, duvido que seja a primeira vez que algum homem te toca! Pare de fingir que eu sou o primeiro e que me ama, essa merda não é amor!

_ Então é esse o problema? Você acha que eu estou mentindo pra você? Você acha mesmo que eu saio com outros caras e que não sou virgem? Porque eu mentiria? Isso não é justo, Igor, eu confiei em você muito, você jamais deveria duvidar de mim. Estavam todos certos, nem você e nem os meninos da escola, nenhum de vocês tem sentimentos.

_ Pare! Não me compare com esses moleques! _ Nesse momento seus olhos se inundaram de lágrimas. _ Desculpe, eu bebi muito, não queria te dizer essas coisas, me perdoe.

Mantive meu silêncio.

_ Desculpe, por ter gritado com você, meu anjo. Você é tão linda, tão jovem, tem a vida toda pela frente, eu sou apenas um velho, bêbado e feio! Tenho medo que você me deixe e decida namorar um dos seus amiguinhos da escola, às vezes você é tão resistente aos meus carinhos que eu chego a pensar que você está se guardando para outro! Precisamos aproveitar agora, que estamos juntos. Nós não sabemos nem se os nossos planos vão dar certo! Precisamos aproveitar este momento!

_ Olha, eu te entendo, mas não precisa ficar assim, eu nunca vou te deixar, muito menos te trocar por qualquer um! E você tem razão, eu estou sendo uma criança idiota! Não tem mais nada para eu esperar, até porque eu já te encontrei e sei que eu nasci pra ficar do seu lado. Se não fosse assim, Deus não teria permitido eu te conhecer.

_ Sim, é exatamente isso que eu sempre tentei te explicar, e você nunca entendeu.

_ Tudo bem, Igor. Me dê só mais uma semana para eu me preparar! Prometo que você terá tudo o que quiser de mim.

_ Eu espero, já esperei tanto tempo! As vezes nem acredito que vamos ficar juntos, eu te amo tanto, minha linda! Nunca duvide do meu amor, você é a única dona do meu coração.

Igor me levou para a casa e se foi, eu passei mais uma noite acordada, pensando em como seria perder minha virgindade, será que ia doer? Será que eu ia gostar? Ou não? E se eu engravidasse? Até porque, minha mãe me explicou quando eu menstruei o que poderia acontecer se eu fizesse sexo, também me disse que era por isso que namoro era coisa de adultos, e eu não deveria correr risco de engravidar ainda jovem.

Contei para minhas amigas da escola que havia decidido perder minha virgindade e pedi conselhos, elas também não sabiam muita coisa, mas me falaram tudo que sabiam. Eram minhas únicas confidentes, éramos um grupo de apenas quatro amigas, todas na mesma faixa etária. Seus nomes eram Helen, Fernanda e Ana. Sempre prometemos jamais perder nossa amizade, todas sabiam de tudo que acontecia na vida das outras, todos os segredos jamais seriam revelados por nenhuma de nós devido o voto de confiança que fizemos.

A semana estava terminando e estava chegando o dia em que eu finalmente iria me tornar uma mulher de verdade e deixar de ser apenas uma criança tola, apesar que ele sempre me dizia que eu já era a mais linda e perfeita mulher do planeta.

CAPÍTULO VI

Criança X Mulher

▶Lie to Me (Jon Bon Jovi, Sambora)

Chegou o domingo mais esperado por Igor e por mim, ele foi até minha casa, não havia festa neste dia, mas ele foi e passou o dia com toda minha família, almoçamos todos juntos, ele ajudou o Álvaro a resolver alguns problemas com seu carro por ser um excelente mecânico. A noite vinha chegando.

Eu fui tomar um banho e me preparar para o encontro. Comecei a sentir medo e um mal estar tomou conta de mim, era um momento tão importante para mim e o Igor sequer foi para sua casa tomar um banho após o dia exaustivo de trabalho, será mesmo que valeria a pena eu perder minha pureza dessa forma? Eu imaginava que seria algo tão perfeito, mas pra ele não parecia ser nada especial. Porque ele não foi pra casa se preparar igual eu estava fazendo?

Saí do banho e me tranquei no quarto, realmente não me sentia nada confortável em saber que me tornaria mulher, como agravante, tinha o fato de que a Letícia, uma vizinha de 9 anos de idade, estava em minha casa e eu passei o dia todo brincando com ela e meu irmão, contamos histórias de terror o dia todo! Minha mãe ainda disse que poderíamos acender uma pequena fogueira no quintal ao anoitecer para continuarmos a contar nossas histórias. Não era algo que acontecia sempre. Eu queria muito fazer a fogueira! Assim eu me encontrava em meu primeiro grande dilema pessoal: Fazer nossa fogueira de terror e continuar a brincadeira tão gostosa com Davi e

Letícia ou sair com o Igor mesmo todo sujo de graxa e suor e me tornar a mulher que ele tanto queria?

Eu optei por desistir de me tornar mulher, saí do meu quarto de pijama e fui até minha mãe com lágrimas nos olhos e disse que eu estava passando mal:

_ Mãe, eu não vou à igreja hoje!

_ Porque, minha filha? Está tudo bem com você?

_ Eu estou com dor de cabeça, só isso.

Enquanto eu falava com minha mãe, Igor estava na sala e interviu:

_ Tome um remédio, se quiser eu tenho no carro e posso pegar pra você.

_ Não precisa, eu vou melhorar, acho que só preciso descansar um pouco.

_ Vá, minha filha! _ Dizia minha mãe. _ Durma um pouco vou desligar o rádio para você poder dormir melhor e pedir o Davi e a Letícia para não fazerem barulhos.

_ Tudo bem! Mãe, a Letícia pode dormir aqui hoje? A mãe dela já deixou, assim poderíamos ficar assistindo filmes de terror até mais tarde.

_ Acho que já chega de filmes de terror por hoje... Você precisa descansar, e não assistir filmes que vão te tirar o sono!

_ Tudo bem.

_ Outro dia a Letícia dorme aqui e você assiste quantos filmes quiser com ela.

_ Ok, então, vou acabar de assistir o que estávamos vendo e depois vou dormir.

_ Certo, qualquer coisa me chame.

Neste momento em que eu saía da sala onde os adultos estavam reunidos, o Igor se levantou:

_ Eu também já estou cansado por hoje, melhor eu ir pra casa para vocês poderem descansar também. Ela não vai querer o remédio mesmo? _ Dizia ele ao Álvaro e minha mãe que o respondeu:

_ Não se preocupe, tenho remédios aqui e já vou dar a ela. Ela brincou muito hoje e aposto que essa dor, na verdade, seja apenas medo das histórias de terror! Eu avisei que deveriam escolher outra brincadeira! (risos)

_ Certo.

Igor se despediu deles e eu fui para a sala continuar a ver o filme com as crianças. Ele precisava passar pela sala para ir até a porta de saída, quando entrou na sala, deu um aperto de mão em meu irmão para se despedir e em seguida abraçou a Letícia. Ele nunca tinha feito isso antes. Eu estava bem atrás da Letícia, ao abraçá-la ele olhou nos meus olhos, mas não com aquele olhar que me dava medo e eu conhecia bem, desta vez, era um olhar malicioso que vinha acompanhado de um sorriso sarcástico junto com:

_ Boa noite, minha princesa!

Depois de abraçar a Letícia, era a minha vez de me despedir. Ele deu dois passos em minha direção e o olhar malicioso e o sorriso já haviam se desfeito, agora ele carregava aquele olhar que me assustava.

_ E você, vê se melhora dessas dores, hein! _ Ele me disse isso enquanto passava a mão em meus longos cabelos, bagunçando meu penteado.

Igor foi embora e eu fiquei me sentindo péssima, ele não me abraçou! Penso que ele estava tentando provocar ciúmes em mim ao abraçar a Letícia e me tratar com certo desdém. A parte boa é que meu mal estar acabou após alguns minutos graças a Letícia que me convidou para fazer pipocas!

CAPÍTULO VII

Um Ultimato

Igor desapareceu por uma semana inteira após eu preferir brincar com meu irmão e Letícia ao invés de sair com ele. Eu pensava nele ainda, mas não tanto como antes, eu havia me dedicado aos estudos da língua inglesa novamente e isso me fez esquecer um pouco dele. Estava tudo voltando ao normal em minha vida, finalmente! Voltei a ficar muito focada no colégio e estudava muito em casa sobre diversos assuntos em todo meu tempo livre. Já estava até me esquecendo daquelas histórias que me ensinaram que eu precisava de um príncipe!

Acontece que Igor decidiu reaparecer em meu trajeto escolar.

Avistei o carro dele parado no mesmo lugar em que ficava me esperando todos os dias. Eu continuei a caminhar e peguei um outro caminho para que não fosse necessário passar por ele. Ao perceber que eu estava desviando de minha rota diária ele me seguiu, e é claro, me alcançou, não tinha como eu ser mais rápida que um carro e eu também não corri porque não queria que ele percebesse que fugia dele.

Ele diminuiu a velocidade ao se aproximar e eu continuei a andar enquanto ele me acompanhava lentamente me olhando pela janela sem dizer nenhuma palavra. Ao ver que eu não parei de andar e também não disse nada, ele acelerou o carro e foi embora. Fui para a escola como de costume, mas os sentimentos começaram a voltar, agora, carregados de culpa.

No dia seguinte, lá estava ele novamente em seu carro vermelho. Decidi ir até ele. Quando tentei abrir a porta do carro eu não consegui, ele abaixou o vidro e perguntou:

_ Oi que você quer? (risos)

_ Pare com isso Igor, destranque a porta rápido!

_ Por que eu abriria a porta do meu carro para uma estranha?

_ Certo. Se não quer falar comigo, por que você veio até aqui?

_ Oras, existe alguma lei que me impeça de estacionar aqui?

_ Tudo bem Igor, já chega. Tenha um bom dia. _ Me virei para seguir meu trajeto.

_ Eu estou brincando com você. _ destrancou a porta do passageiro. _

Entre logo aqui antes que alguém te veja. Rápido! (risos)

Eu entrei no carro e saímos dali. Acontece que ele pegou outro caminho e estacionou o carro em uma rua deserta, muito arborizada, as árvores das laterais da estrada chegavam a cobrir o carro.

_ Por que me trouxe aqui Igor? Eu preciso ir para o colégio! Você sabe que eu não posso me atrasar.

_ Calma, eu só quero conversar com você. _ enquanto dizia ele abria o porta-luvas que escondia várias embalagens de preservativos. Ele pegou uma delas e segurou:

_ Você está vendo isso? Sabe o que é isso?

Eu sabia o que era, eram iguais as que eu via nas farmácias. Eu me lembrei da desconfiança dele e pensei que se eu dissesse que sabia o que era aquilo ele iria pensar que eu não era mais virgem.

_ Não sei. O que é?

_ Você vai saber em breve para que serve isso, mas primeiro eu preciso saber por qual motivo você anda fugindo de mim e principalmente porque você não cumpriu sua promessa e me fez de idiota te esperando o dia todo naquele domingo.

_ Me desculpe, eu queria conversar com você, mas eu tive medo de que você discutisse comigo outra vez. Eu não estava preparada aquele dia, eu comecei a me sentir mal enquanto me banhava e preferi não sair e te decepcionar mais.

_ Tudo bem, e hoje, será que você já está preparada?

_ Eu acho que sim, mas preciso ir à escola!

_ Não, hoje você não vai ir à escola!

_ Como assim? Eu preciso ir, você bem sabe que eu nunca falto às aulas!

_ É, eu sei, mas acontece que eu fiquei sabendo que você não terá algumas aulas hoje, a maior parte dos seus professores estão em greve!

O que ele dizia era verdade, já fazia quase um mês que vários professores estavam em greve solicitando melhorias salariais, as minhas aulas estavam sendo quase todas substituídas por filmes na escola.

_ Tudo bem, eu vou faltar hoje, mas será a única vez que farei isso, ok? Não pense que isso vá acontecer novamente. _ Eu optei por faltar naquele dia porque sentia culpa por ter feito ele esperar tanto tempo.

Ele me encarou por um segundo e me beijou. Era um beijo maravilhoso após tanto tempo sem o ver. Ele me sentou em seu colo com meu rosto virado para o dele e continuou a me beijar e a acariciar minhas costas. Passou suas mãos por debaixo da minha camisa de uniforme escolar a puxando para cima cuidadosamente até que conseguisse tirá-la sobre meus ombros. Era a primeira vez que eu estava sem uma peça de roupa na frente de um homem, e eu estava tímida. Ele continuou a me beijar e agora a tocar meus pequenos seios. Em seguida ele segurou com suas duas mãos em meu quadril e começou a me movimentar para frente e para trás em seu colo. Tirou sua camisa também e em seguida terminou de me despir me mantendo apenas com minhas roupas íntimas, agora meu corpo estava despido e colado ao dele. Ele me tirou de seu colo e me voltou ao banco do passageiro, deitou o banco de forma que quase parecesse uma cama. Ele não retirou suas calças, apenas abriu o zíper deixando a mostra seu falo ereto, abriu o preservativo que tinha pego, e o colocou, agora ele vinha se deitar sobre mim e eu ainda estava com minhas roupas íntimas, ele me acariciou sobre a roupa por uns segundos fazendo novamente meu corpo tremer mas de forma mais intensa que todas as outras vezes que o encontrei, logo em seguida apenas afastou minha peça íntima para o lado e me penetrou cuidadosamente. Ele me perguntava se eu sentia alguma dor, demonstrava que estava preocupado e queria saber como eu estava me sentindo. Enfim ele se acomodou em mim e começou um movimento de "vai e vem" cada vez mais frenético dentro de mim. Após aproximadamente dois minutos daquele movimento rápido que minha respiração mal conseguia acompanhar, ele parou de repente e soltou um gemido de prazer. Ainda naquela posição ele sorriu e passou a mão em meus cabelos dizendo:

_ Você é incrível, sabia? _ Então ele se afastou e voltou ao seu assento de motorista, retornou meu assento à posição normal e eu comecei a me vestir:

_ Igor, eu estou sangrando! _ Ele se assustou por um instante ao ver o sangue em minha mão, pensava algo que eu não conseguia decifrar e me entregou uma embalagem de lenços umedecidos dizendo:

_ Acalme-se e limpe-se! Isso é normal, acontece quando a mulher faz sexo pela primeira vez. Aparentemente você não estava mentindo, você realmente era virgem. ERA, agora você não é mais! (risos)

_ Eu nunca te disse o contrário, pelo ao menos agora você sabe que eu não menti pra você.

Após nos vestirmos, ele saiu com o carro e disse que ia me levar a um lugar que ele gostava muito, parou o carro após 20 minutos de percurso e pediu que eu fechasse meus olhos. Eu fiz o que ele disse. Ele saiu do carro e deu a volta até minha porta, abriu a porta e disse:

_ Não abra os olhos! _ Segurou minha mão e eu desci. Ao descer ele me carregou e me deitou em seus braços.

_ Não abra ainda, não vai estragar a minha surpresa para você!

_ Não vou abrir! (risos) _ eu passei meus braços ao redor de seu pescoço e acomodei meu rosto em seus ombros enquanto seus cabelos chegavam a tocar o meu rosto me acariciando suavemente de forma não intencional.

_ Estamos chegando, você confia em mim?

_ Sim, confio. Acha que se eu não confiasse estaria com meus olhos fechados ainda?

_ Ok, vou te colocar no chão, não abra ainda, ok? _ Ele me soltou cuidadosamente e em seguida me guiou em três passos pequenos.

_ Pronto, está preparada? _ se afastou e se posicionou atrás de mim.

_ Estou!

_ Pode abrir os olhos!

Quando abri meus olhos deslumbrei uma paisagem perfeita,

parecia um bosque, bastante florido. Haviam ipês roxos, brancos e rosas nas laterais de uma estrada de terra. Os raios do sol da manhã atravessavam entre as folhas que nos proporcionaram um clima fresco e brilhante da primavera.

_ Igor, que lugar é este, é perfeito! _ Ele chegou mais perto por trás do meu corpo e me abraçou me dando um beijo carinhoso no pescoço enquanto afastava meus cabelos carinhosamente, ao mesmo tempo passou as mãos ao redor do meu pescoço e abotoou uma corrente fina de ouro com um pingente de estrela enquanto dizia:

_ Eu nunca vou te abandonar, você é o amor da minha vida! Quero que você possa olhar para o céu estrelado quando eu não estiver por perto, e se lembrar que eu te amo, por isso essa estrela! Também quero que quando o sol nascer ou quando você passar por um jardim você possa se lembrar que eu te amo, por isso este lugar!

Eu me virei e o beijei naquele momento. Eu estava realmente apaixonada por aquele homem, sim, ele parecia ser o meu príncipe e eu o amei.

Na mesma estrada havia um restaurante com fogão a lenha. Ele me convidou para almoçar. Um policial amigo dele, o Henrique, o reconheceu e o cumprimentou:

_ Igor, o que você faz aqui, meu amigo!

_ Oi! Eu estou indo levar minha sobrinha ao curso de desenhos que ela faz, ela tem desenhos lindos, você quer ver?

_ Claro, adoro artes, ainda mais dessa nova geração! _ Ele se virou a mim e disse: _ essas crianças de hoje são muito criativas!

Para nossa sorte eu sempre estava com minha pasta de desenhos na mochila. O Henrique viu todos os desenhos rapidamente e disse:

_ Nossa, são maravilhosos, você tem dom para desenhar rostos, hein amiguinha! Poderia trabalhar no departamento com retratos falados!

_ Obrigada! Vou me especializar!

_ Vou deixar vocês almoçarem, desculpem, mas estou um pouco atrasado para o meu turno. Boa tarde!

Henrique se retirou e continuamos a nos servir:

_ Me chama de titio, vai, chama! (risos sarcásticos)

_ Não dá, que tipo de tio tira a virgindade da sobrinha? E biologicamente você não é meu tio, ainda bem, "né"?!

_ Nossa, eu só estava brincando, fica calma... Pensando bem, eu adoro quando você fica nervosinha, querendo me bater, sabia?

_ Jura? Isso não é o problema, posso providenciar agora essa parte que falta!

_ Hahaha! pestinha! Relaxa, eu te amo! Você vai me bater daqui a pouco, mas de outro jeito...

CAPÍTULO VIII

O Começo Do Fim

 (Jon Bon Jovi)

Eu já contava cinco meses de namoro com o Igor, estávamos realmente juntos e felizes, sem brigas, sem discussões e sem ninguém descobrir. Ele parecia ter se tornado um homem mais feliz ao meu lado, até aquele comportamento rude e fechado que tinha em seu convívio social quando o conheci havia melhorado e isso era nítido em seus sorrisos nas festas de família. Nesse curto tempo algumas outras colegas viraram amigas e eu acabei revelando a elas meu amor secreto, nenhuma delas jamais contou a ninguém.

Eu já havia saído da igreja, mas isso não me impediu de ser uma boa filha ou uma boa aluna. Igor sempre ia até minha casa com a desculpa de visitar o Álvaro. Passava horas e horas conversando com minha família e sempre que ninguém estava por perto, nós nos beijávamos escondidos e ele falava em meu ouvido todos os atos libidinosos que iria reproduzir em nosso próximo encontro. Os encontros eram regulares e eu tinha uma vida sexual ativa. Eu era fiel a ele e tinha certeza em minha mente que ele também era fiel a mim.

Em um Sábado, Álvaro decidiu fazer uma festa em comemoração ao seu aniversário e a casa ficou cheia de pessoas, familiares e alguns desconhecidos também. Havia uma moça que foi com sua sobrinha para a festa, ela se chamava Cláudia, ela era madrinha de um dos meus meios-irmãos, sua sobrinha tinha 10 anos e eu fiz amizade rapidamente com ela, nós duas passamos o dia todo brincando e correndo pelas ruas da vizinhança com as outras crianças.

Aconteceu de eu entrar na cozinha para beber água e vi que algo estava errado. Cláudia estava chorando muito enquanto Álvaro conversava com ela e tentava a acalmar. Escutei uma parte da conversa:

_ Como eu vou fazer agora, Álvaro? Por que ele faz isso comigo? E por que eu continuo acreditando, sou uma idiota mesmo!

_ Não Cláudia, você não é idiota por confiar nas pessoas. Mas você já conhece o Igor a anos, ele sempre foi meio sem juízo, eu vou conversar com ele e nós vamos resolver essa situação.

Meu coração gelou com o que eu ouvi! O que o Igor teria feito de tão ruim com a Cláudia pra ela chorar daquela forma? Por que ela deveria confiar ou não nele? Porque o irmão dele disse que ele era sem juízo? Meu Deus, eram tantas perguntas na minha mente, eu havia me esquecido do meu copo d'água que fui buscar, que droga! Agora eu precisava muito dele para digerir o que havia escutado! Mas eu tive medo de voltar e eles perceberem que eu havia entendido aquela conversa. Corri para o meu quarto e chorei mais que a Cláudia. Eu chorava por não saber o que Igor poderia ter feito, mas principalmente por não saber "se" ele realmente teria feito algo ruim. Ele era um homem tão bom, como faria mal a alguém?

A noite chegou e Igor reapareceu, ele havia saído no meio da festa e acho que não viu a Cláudia chorar. Assim que ele chegou Álvaro o segurou pelo braço e o puxou para um cômodo:

_ Seu pivete! Venha aqui!

_ Ei, o que foi? Por que você está assim? _ Essa foi a primeira vez que Igor demonstrou medo ao olhar para mim. Ele deve ter pensado que Álvaro havia descoberto algo sobre nós! (hahaha)

Ele fechou a porta do quarto e eu não conseguia ouvir bem o que diziam, mas ouvi falarem o nome da Cláudia, e a voz de Igor disse sonoramente:

_ Eu não tenho nada com a Cláudia, só queria que ela contasse a verdade! Ela é louca!

Eu não acreditei, o Álvaro achava que Igor estava namorando a Cláudia? Mas por que? Será que ela também amava o Igor e estava inventando algo para prejudicar a ele, igual as vilãs fazem nas novelas? Eu não consegui escutar mais nada, não deveria ficar ouvindo conversa dos outros porque minha mãe me ensinou que isso era errado. Eu me afastei da porta e a noite continuou, Igor saiu do quarto alguns minutos depois e parecia preocupado, ele não estava olhando pra mim como sempre fazia, simplesmente parecia que mal me conhecia. Aquilo me entristeceu e fui dormir antes da festa acabar. Lembro-me que antes de pegar no sono eu fui à cozinha beber água e vi Igor fumando e bebendo cervejas sozinho e escutando músicas sertanejas tristes com os olhos vermelhos, parecia ter chorado, mas sua expressão não era de tristeza, mas sim de raiva! Não deixei que ele percebesse minha presença, voltei para o meu quarto e dormi com muita tristeza por vê-lo assim.

No dia seguinte, Domingo, eu me levantei e a primeira coisa que fiz foi ir ver minha mãe.

_ Mãe, ontem a Cláudia estava chorando muito, você sabe se ela está bem? O que aconteceu com ela?

_ Sim, Gabi, sente-se aqui, a Cláudia é legal, não é?

_ Sim, gostei muito de conhecer ela!

_ Eu sei, por isso vou te contar. A Cláudia é ex-namorada do Igor.

_ Mas ele não é casado?

_ Sim, ele é, acontece que ele namorou ela bem antes de se casar, mas não deu certo porque o Igor sempre foi muito ciumento, eles se separaram e ele se casou, mas acontece que ele sempre gostou de verdade da Cláudia! Assim, ele acabou se encontrando com ela algumas vezes após estar casado, e agora ela está grávida, é um menino, e ele está com raiva porque ela deixou claro que o filho não é dele! Pra piorar, quando os dois namoravam, ele sempre sonhou em ter um filho com ela, justamente um menino, quando ele se casou teve duas filhas, mas sempre quis um filho homem. Ele perguntou a ela se o filho era dele, mas ela nega.

Minha mãe sempre me contava esses casos chocantes, ela sabia que eu era esperta e já sabia de muita coisa sobre a vida e o que eu não sabia eu investigava.

Eu não acreditava no que me foi revelado, segurei meu choro e exclamei:

_ Poxa, mãe! Que cara safado! Ele não presta!

_ É, infelizmente, os homens sempre mentem.

Encerramos essa breve conversa assim e eu me tranquei no quarto após tomar meu café. Disse à minha família que eu iria estudar. Ao invés de estudar, comecei a ligar várias vezes para o celular do Igor até ser atendida. Ele me atendeu e eu comecei a xingá-lo enquanto chorava muito:

_ Você é um babaca, sabia? Porque você nunca me contou isso? Achou que eu nunca fosse descobrir que você tinha outra? Se você a ama tanto, porque se aproximou de mim? Por que me iludiu tanto, Igor? Que droga, você destruiu minha vida!

_ Pare com isso Gabi! Não tem nada disso, já te disse que eu só tenho você na minha vida!

_ Então me assuma, me assuma para o mundo inteiro saber que eu sou sua mulher!

_ Droga! Você sabe que eu não posso, não agora! Se eu fizer isso vou ser preso! Que inferno! Você não acha que eu não queria parar de ter que me esconder de todo mundo? Que eu não queria parar de ir aos bares e restaurantes sem poder te beijar e ser obrigado a dizer que você é apenas minha sobrinha? Eu também quero que isso acabe logo! Mas não posso mudar as leis e o pensamento do mundo inteiro!

_ Tudo bem, vem me ver então, eu preciso te ver, hoje ainda, eu vou esperar todos dormirem e vou sair pra te encontrar.

_ Ficou louca? Sua mãe vai sair atrás de você!

_ Não vai não. Eu vou esperar todos dormirem e te aviso, ok? Me promete que vai vir?

_ Ok, espero você me ligar.

A noite chegou rápido, ainda bem! Eu tomei banho, coloquei meu pijama e disse a minha família que iria dormir. Entrei para o quarto e esperei eles dormirem para sair como disse que faria. Deu tudo certo, ninguém acordou e eu consegui sair. Liguei para o Igor e disse que podia vir, o esperei na porta de minha casa e fui ao seu encontro ao ver o carro estacionar. Entrei no carro e o beijei com muita saudade:

_ Igor, eu preciso saber da verdade, o filho da Cláudia, é seu?

_ Gabi, eu não sabia como te falar, me desculpe, mas eu também só soube ontem dessa gravidez. Eu me encontrei com ela pela última vez, um pouco antes de ter começado a me envolver com você. Eu não tinha mais nada com ela, eu juro que quando te conheci, você me fez esquecer ela! Eu amo você, somente você.

_ Entendi, e você acha mesmo que pode ser o pai deste bebê?

_ Há possibilidade, pelo mês de gestação que ela está e o mês que parei de encontrá-la, ele pode ser meu filho sim, mas ela tinha um namorado na época, foi por isso que parei de me encontrar com ela! Eu só preciso saber se ele é meu filho para que eu possa assumir, isso não significa que eu vá te abandonar. Eu já te prometi que não vou ficar com outra pessoa que não seja você!

_ Claro, eu entendo. Só não quero te perder.

_ Também não quero te perder. Eu te amo.

_ Ah, já ia me esquecendo, você é fumante?

_ Não, não sou. Eu comprei uns cigarros no bar porque fiquei muito estressado com isso tudo. Mas não se preocupe, foi só por ontem.

_ Entendi...

_ Você não faz isso na escola, "né"?

_ Isso o quê?

_ Fumar! Você não fuma escondido de mim, "né"?

_ Não, eu odeio o cheiro de cigarros! Por isso me assustei ao te ver fumar!

_ Ótimo. É um vício terrível, não tenha! Agora vem cá e me dá mais um beijo gostoso desses, vai!

Igor me deixou em casa e se foi. Dormi tranquilamente após mais uma noite de amor com ele.

CAPÍTULO IX

O Fim

Fazíamos seis meses de namoro e tudo ia bem novamente. Menti para minha família dizendo que iria a casa de uma amiga e que solicitei que me permitissem dormir na casa dela. Durante o dia Igor me levou a um restaurante para almoçar e ao cair da noite a um bar da cidade para comemorar nossa união. Em público eu bebia refrigerantes e ele cerveja. Como sempre, ele me apresentava como a sobrinha dele, filha de seu irmão mais velho e que estava se formando em um curso e por isso a comemoração. Nunca íamos ao mesmo bar para não levantar suspeita dos proprietários.

Passamos o dia todo juntos, recebia um tratamento de princesa, pois era assim que ele me chamava e eu o chamava mais de anjo do que de príncipe. Era tudo perfeito, nos divertimos muito, íamos para lugares onde nenhuma menina da minha idade iria. Eu bebia cerveja dentro do carro, e ele cuidava da minha embriaguez com beijos. Mais de uma vez o carro dele quebrou e eu me atrasei para voltar pra casa, também foi mais de uma vez em que eu fiquei muito bêbada e precisamos ficar deitados dentro do carro esperando o efeito passar para eu voltar. Mas naquele dia eu podia beber sem me preocupar, afinal, eu ia dormir fora de casa! Tivemos uma noite completa e perfeita. Eu não conseguia ver nada de errado ou de ruim em tudo aquilo que eu fazia com ele, nós nos amávamos e estávamos felizes juntos.

Certa manhã eu comecei a me sentir enjoada, com dores na cabeça, e vomitei. Fui para a escola e contei para minhas amigas que eu temia estar grávida. Pesquisei em revistas e livros sobre possíveis falhas com o uso de preservativos. Descobri que eles poderiam se rasgar ou furar e assim trazer uma possível gravidez. Descobri ainda que o coito interrompido não era seguro, eu nem sabia que "tirar antes da hora" tinha esse nome estranho.

Eu estava visivelmente preocupada, me encontrei com ele na manhã seguinte para ir à escola e disse a ele o que eu sentia. Contei que eu não estava bem, que minha menstruação já estava atrasada por dois dias que o habitual e que eu estava com enjoos, dores de cabeça e vômitos:

_ Você não está pensando que está grávida, está?

_ Sim Igor, eu penso que estou, e se eu estiver, o que vamos fazer? Eu só tenho treze anos, minha mãe vai me matar!

_ Pare com isso, você não está grávida, nós nos protegemos todas as vezes, é impossível eu ter te engravidado!

_ É possível sim! Você não se lembra? Na semana passada, você não se lembra que esqueceu a droga da camisinha e disse que não tinha problema, que era só tirar antes que não havia riscos. Mas acontece que eu estudei sobre isso ontem e tem riscos sim, Igor! Se sair uma gota, mesmo que você não sinta e cair dentro de mim, já era!

_ Mas não caiu, ok? Você pode estar grávida de qualquer um, menos de mim!

_ O que você acabou de me dizer? Você mais uma vez acha que eu estou com outro? "Tá" falando sério?

_ Não foi o que eu disse, só disse que é impossível eu ter te engravidado, eu sou experiente, não sou um idiota! Pare com essa paranoia e não distorça o que eu te falo!

_ Tudo bem.

_ Esquece isso e vamos parar de discutir, por favor!

_ Já esqueci, ok?

_ Ótimo.

Eu menti, não esqueci nada e a minha preocupação só aumentava. O dia terminou e nascia um novo dia, um novo dia com enjoos e dores de cabeça. Comecei a me olhar no espelho e reparei que meus seios estavam maiores. Droga! Eu li um artigo que dizia que os seios aumentavam o tamanho na gravidez. Eu tinha certeza, eu estava grávida, eu faltei a aula naquela manhã, e tomei uma decisão em um ato de desespero. Somente uma pessoa poderia me ajudar. O Igor não se importou, pensou ser coisa da minha cabeça, ainda insinuou que o filho poderia não ser dele, me mandou esquecer, mas era impossível não pensar nas possibilidades e não chorar. Vi que aquele era o dia onde acabariam todos os segredos, não haveriam mais encontros escondidos entre nós dois. Vi que apesar de ser difícil eu criar um filho, ainda com treze anos, o nosso bebê seria a chave para a nossa liberdade. Igor sempre quis ter um filho, se fosse um menino ele iria ficar mais feliz ainda!

Não precisou que eu falasse muita coisa ou me movimentar, minha mãe entrou no meu quarto, eu estava deitada na cama, chorando muito:

_ O que está acontecendo? Porque você não foi a escola? Você vomitou hoje de novo?

_ Mãe, eu "tô" grávida!

Minha mãe se desesperou e começou a chorar:

_ Como você ficou grávida? Você está namorando escondido com o Michael?

Ela me perguntava já se culpando por não ter permitido que eu namorasse o Michael, ela pensou que caso fosse permitido, eu não teria feito nada escondido, ela poderia ter me levado ao ginecologista, ter me monitorado de perto e eu não precisaria ter mentido.

_ Não, mãe. O Michael não tem nada com isso, eu não o vejo mais!

_ Então quem é o pai dessa criança?

_ É o Igor.

_ Quem é Igor? Você vai trazer esse menino aqui, eu quero conhecer ele e conversar, ele terá que assumir esse filho.

_ Você já o conhece, mãe. É o Igor, Irmão do Álvaro!

Minha mãe começou a chorar, ela não estava acreditando no que eu dizia. O Igor a quem eu me referia não era um menino da minha escola, da minha idade. Sua filha de treze anos estava grávida de um homem de quarenta anos! Um homem que almoçava na casa dela, que comia do jantar que ela preparava, que era da família, que parecia ser uma "pessoa de bem" muito correta. E ela nunca percebeu nada porque eu escondia com mentiras de todas as formas possíveis!

Ela saiu do quarto em silêncio e foi para o quarto dela. Eu conseguia ouvir ela chorando do meu quarto. Eu não disse ao Igor o que tinha acontecido, e nem queria dizer.

Meu padrasto chegou do trabalho mais cedo que o normal, passou calado por mim e foi falar com minha mãe. Eu não comi nada o dia todo e nem bebi água, só conseguia chorar. Até que escutei uma voz no portão chamando o Álvaro. Era o Igor, ele estava na minha casa às 16h, ele nunca ia até lá neste horário, ainda mais quando não era final de semana. Eu gelei ao o ver ali, eu sabia que minha mãe iria brigar com ele.

Ele me disse "oi" e sorriu sem imaginar o que todos já sabiam a verdade. Meu padrasto o levou para fora da casa e eles passaram horas conversando seriamente sobre mim. Minha mãe se juntou a eles, via de longe que ela falava com muita raiva e apontava o dedo na altura do rosto de Igor o xingando. Ele permanecia imóvel, com a cabeça baixa, apenas acenando e concordando com o que ela dizia.

Ao acabarem a conversa eu corri até o portão atrás de Igor que ia embora sem se despedir. Foi a primeira vez que eu me senti livre para falar com ele sem o medo que me vissem ao lado dele. Ficamos lado a lado encostados em um muro e conversando:

_ Desculpe por ter contado, eu fracassei!

_ Tá tudo bem, minha princesa, eu sabia que isso ia acontecer um dia.

_ Eu estava desesperada, minha menstruação ainda não veio. Tenho certeza que estou grávida.

_ Foi irresponsabilidade minha, não se preocupe, eu vou resolver isso tudo da forma correta.

_ O que minha mãe e o Álvaro te disseram?

_ Bem, o Álvaro disse que não quer você morando na casa dele mais, ele disse que as pessoas podem pensar que ele sabia do nosso caso, e ele jamais apoiaria isso. Sua mãe disse que eu preciso assumir nossa relação, arrumar uma casa e ir morar com você para criarmos o bebê juntos, ela não quer um neto sem pai. Também me chamaram de pedófilo. E o Álvaro já desconfiava de tudo e não disse nada pra sua mãe pra não se meter em confusão.

_ E você vai fazer isso?

_ Claro que vou, só preciso pensar em como vou dizer a minha filha mais velha que a nova madrasta dela é bem mais nova que ela. (risos)

_ Espero que ela entenda, não tem jeito de eu mudar minha idade, então, não dá pra fazer muito! (risos) _ falando em filhos, a Cláudia já te disse se o filho é seu?

_ Vamos fazer o exame de DNA para saber. Dois filhos de uma só vez... (risos) _ Olha, princesa, eu te amo, amo muito, eu te disse que nunca ia ficar com outra mulher na minha vida depois de ter ficado com você, e eu vou cumprir minhas promessas. Nós vamos ficar bem, e como os padres dizem, será "até que a morte nos separe". Estão valendo ainda, todas as promessas que eu te fiz. Você fez o certo, não dava mais pra se esconder.

_ Eu sinto muito não ter nascido antes, não ter a sua idade e não ter te conhecido antes das outras mulheres que você conheceu. Eu te amo demais meu anjinho! Sim você é um anjo que apareceu em minha vida e fez tudo parecer melhor, meu mundo ficou mais florido do seu lado. E eu sempre soube que você seria o meu príncipe.

_ Eu preciso ir agora, princesa. Amanhã cedo eu te ligo, vou tentar explicar isso tudo para as minhas filhas, preciso conversar com elas.

_ Está bem. Você vai me levar na escola amanhã?

_ Vou tentar, se não me matarem!

_ Não fala isso, vai dar tudo certo, um dia elas vão te entender. _ Ele se virou e ia entrando no carro.

_ Hey, você não está se esquecendo de nada? _ eu disse enquanto o puxava pela sua camisa. Ele se virou e nos beijamos ali, na rua, em público, sem se importar se alguém iria ver ou não o nosso amor. _ Eu te espero amanhã! Já estou com saudades!

_ Ok! _ ele saiu com seu carro me enviando beijos pela janela e sorrindo.

Essa seria a primeira noite que eu dormiria mais tranquila nestes 6 meses. Dormi como um anjo e esperava logo pelo amanhecer do dia para ver meu anjinho novamente.

O dia amanheceu, clima chuvoso e bem nublado. Me levantei sorridente, me preparei para ir à escola e saí, esperava ver ele logo cedo, mas ele não foi me buscar, chegando na escola, liguei para ele do meu celular, mas o telefone estava desligado. Comecei a me preocupar.

Igor trabalhava em outra cidade, ele sempre deixava o carro dele em uma rua perto da minha escola e pegava o ônibus para ir trabalhar. Verifiquei e seu carro estava nesta rua, isso significava que ele havia ido trabalhar. Eu me preocupava agora em porque ele não me ligou. Ele disse que me ligaria. Deixei um bilhete no para-brisas do carro como sempre fazia escrito "me ligue, estou preocupada com você, te amo!".

Nós nos falávamos todos os dias, até quando o telefone dele estava sem bateria ele dava um jeito de me ligar quando chegava no trabalho.

Lembrei-me que certa vez ele me ligou de um número diferente que pertencia a Pedro, um colega de serviço dele. Procurei no histórico de ligações do meu celular e lá estava o contato que eu já havia deixado salvo para saber que era ele me ligando do celular de Pedro para dizer que estava sem o seu.

Quando terminou meu horário de aulas e saí da escola, decidi ligar para o Pedro. Liguei várias vezes durante meu trajeto para casa, quando eu já estava perto de minha casa ele atendeu.

_ Oi, quem fala?

_ Oi, desculpa ligar, aqui é a Gabi, sou a namorada do Igor, seu colega de trabalho. Ele me ligou outro dia pelo seu telefone. Estou preocupada com ele e queria saber se você está perto dele e se deixaria eu falar com ele.

_ Olha moça, eu lembro sim do dia que ele te ligou. Eu não sei como vou te falar isso. Ai, meu Deus!

_ Pode me falar, o que houve? Ele está bem?

_ Desculpe, eu sinto muito ter que te contar isso! Hoje pela manhã, foi encontrado o corpo de um homem enforcado aqui dentro da empresa, o crachá, o celular e carteira que estavam jogados no chão eram pertences do Igor. Ao que tudo indica, ele cometeu suicídio assim que chegou na empresa. Eu sinto muito. Ninguém da família foi avisado ainda, você é a primeira a saber. Apenas após a confirmação dos legistas que a empresa irá informar formalmente. Eu sinto muito!

_ Obrigada. _ isso foi tudo o que eu consegui dizer ao nosso mensageiro em meio às lágrimas que me dominavam.

Desliguei o telefone em choque, comecei a chorar muito, desci as escadas correndo, chamando por minha mãe:

_ Mãe! Mãe! O IGOR MORREU! O IGOR MORREU! O QUE EU VOU FAZER AGORA? COMO VOU VIVER SEM ELE?

_ Calma filha, o que você está dizendo? De onde tirou essa ideia de que ele morreu?

_ O Igor morreu! Eu liguei para o amigo dele, ele me contou que ele se enforcou!

_ Meu Deus, não acredito que isso aconteceu! Calma filha, eu vou ligar pro Álvaro.

_ Não mãe, ele não sabe ainda, os legistas precisam confirmar a identidade, ainda não avisaram ninguém da família.

_ Então tome um banho, filha. Eu vou fazer algo para você comer e dormir um pouco, vai te ajudar a se acalmar.

_ Eu não quero mais nada mãe, eu só quero morrer junto dele. Qual sentido vai ter daqui pra frente minha vida! Logo hoje, minha menstruação veio, eu descobri que não "tô" grávida, eu nem consegui contar isso a ele.

_ Calma essa dor vai passar, eu te garanto, você vai superar tudo e seguir sua vida. Você não nasceu presa a ele!

_ Mãe, ele me fazia feliz, eu nunca vou conseguir ser feliz novamente. A gente ia se casar. Ele me disse que ia resolver tudo. Que a gente ia ficar junto!

_ Gabi, ele mentiu pra você, ele não merece seu choro, você é uma criança, o que ele fez é crime, ele sabia que iria ser preso ou que alguém poderia matar ele, é isso que fazem com pedófilos. Ninguém aceita esse tipo de coisa!

Corri para o meu quarto e me tranquei. Fiquei o resto da tarde chorando e esperando alguma notícia. Esperando o Álvaro chegar e dizer que era tudo mentira, me contar que o Igor estava bem e que ia me levar embora para viver com ele. Saí na rua e fiquei em um ponto onde eu conseguia ver a casa do Igor, uma jovem amiga vizinha que sabia de todo o caso me abraçou. Fiquei ali com ela olhando para a casa dele e chorando muito, vi o carro dele chegando e estacionando na porta. Meu coração suspirou, imaginei ser o Igor voltando do trabalho. Tinha esperanças que aquele corpo encontrado não fosse dele.

Após 20 minutos, o carro de Igor não estava mais na casa dele. Avistei o carro virando a esquina da rua em que eu morava, então sorri.

O Escort vermelho de vidros negros parou na porta da minha casa. Esperei Igor sair do carro e me chamar de "pestinha" como quando eu aprontava alguma coisa!

Álvaro saiu do carro, me olhou com raiva e trancou o carro.

Eu poderia terminar essa história com o som de alarme do carro onde vivemos nosso amor sendo trancado pra sempre, mas eu preciso dizer o que aconteceu depois.

Após o olhar de ódio de Álvaro, eu me culpava ainda mais pela morte de Igor.

Álvaro comprou o carro e deu o dinheiro para pagar os custos do enterro de Igor. Ele aposentou o carro dele e usava apenas o de Igor pra ir a qualquer lugar.

Eu entrei em casa e a filha de Álvaro, uma mulher que tinha a idade que eu tenho hoje, 20 e poucos anos, me olhou nos olhos e disse sutilmente:

_ Você sabe que ele se matou por você, não é? Nunca imaginei que isso estivesse acontecendo debaixo do meu nariz e nunca percebi. E se matou atoa, porque você nem era mais virgem, acha que me engana?

Eu continuei morando com eles até meus 18 anos, em todo esse tempo Álvaro jamais dirigia a palavra a mim e toda a família dele me desprezava.

Todas as vezes que eu passava pela garagem da casa e via o Escort vermelho estacionado eu me lembrava de tudo que vivi dentro dele e por várias vezes cheguei a subir em uma cadeira e amarrar uma corda na garagem e fazer o mesmo que Igor fez e quem sabe me reencontrar com ele. Acho que era para eu continuar viva, todas às vezes alguém aparecia para me salvar da morte.

Eu continuei indo à escola também. No dia posterior ao suicídio eu passei dentro do ônibus escolar em frente do cemitério. Ele estava sendo velado e eu nem podia ir até lá dar um último adeus porque não me queriam lá. Eu comecei a chorar, minhas amigas me abraçaram, eu não tinha dito nada a elas ainda, mas elas souberam, a cidade inteira falava de como eu matei o Igor.

Helen, Fernanda, Ana, Letícia, minha mãe, meu irmão, meu pai e meus familiares, eram os únicos que não me culpavam. Eu seria egoísta se eu dissesse que todo o restante da humanidade me julgou, tiveram pessoas que ficaram ao meu lado, lutaram por mim e me fizeram retomar minha vida e não me matar, e existiam as pessoas que queriam minha morte, mesmo sendo em maior número, elas perderam.

Eu fui humilhada na escola pela filha mais velha de Igor, não a culpo por isso e até me sensibilizo, afinal, ela perdeu o pai dela nessa história.

Eu ouvi pessoas dizendo: "Mas com treze anos já sabe muito bem o que quer!"

Ouvi relatos de familiares de Igor que conversaram com ele na noite que antecedeu seu suicídio. Eles diziam que Igor havia revelado que só decidiu ficar comigo porque um dos meus "meios-irmãos" (falecido aos 21 anos, alguns meses antes do decorrer desta história) teria dito que ele tirou minha virgindade, que eu era muito fácil e que ficaria com qualquer um, até hoje não entendo porque meu quase irmão diria essas coisas ou se é realmente verdade, mas talvez seria um desejo dele que nunca me foi revelado e demonstrado de nenhuma forma. Segundo a pessoa que espalhou este boato, Igor nunca me amou, eu chego a pensar que possa ser verdade porque isso explicaria a surpresa e o susto dele ao constatar que realmente eu era virgem.

Eu ouvi comentários até sobre minha mãe: "Viu só, onde estava a mãe dela que não viu isso?" Eu posso responder, minha mãe estava ocupada, trabalhando, mantendo as coisas em ordem e limpando a sujeira das festas dos outros de todos finais de semana para o marido não reclamar.

Também falaram que eu era uma "putinha" porque eu usava shorts

e não calças, e dançava "samba-duro"
da Bahia. Com tanta exibição, cedo ou
tarde iria acontecer algo do tipo, até
porque, para eles, quem faz isso, espera
por   aquilo.

Diante de tudo isso, eu posso dizer que...

Eu nunca vou saber se o Igor é o pai do filho de Cláudia, mas eu a vi com o seu filho alguns anos depois e o jeito de andar e o sorriso dele, logo fizeram-me lembrar do Igor.

Eu nunca vou saber porque o Igor não me ligou uma última vez ao menos para se despedir, mas pelo ao menos na noite anterior ele foi cortês e não me demonstrou todo o medo que percorria seu corpo após minha mãe ter dito que ele era um homem morto a partir daquele momento. Ele mentiu dizendo que ficaríamos juntos e que estava tudo bem, ele sabia que era o que eu queria ouvir e sustentou meu conto de fadas até seu último suspiro.

Eu nunca vou saber se era tudo verdade o que Igor me disse ou se ele mantinha relações com a esposa e a Cláudia como todos falavam, mas eu acreditei nele e confiei de olhos fechados até o fim.

Eu nunca vou saber porque eu passei tanto mal a ponto de afirmar que estava grávida àquela época, talvez fosse um efeito das bebidas, ou talvez fosse um fenômeno psicológico que causou alterações em meu metabolismo e que foi desencadeado pelo fato de que outra mulher poderia ser mãe do tão sonhado filho de Igor e não eu.

Eu nunca vou saber como seria nosso futuro, ou se ficaríamos juntos e teríamos filhos, mas eu sou grata por todas as pessoas que não permitiram que eu tirasse minha vida em busca do

Igor morto. Vocês me permitiram construir um futuro que eu cheguei a pensar que não existiria.

Eu nunca vou saber sequer se ele me amou de verdade, mas o que me importa hoje é saber que eu o amei, e que qualquer criança que sonha com um príncipe, amaria qualquer um que viesse a lhe conquistar como ele fez comigo.

Minhas dúvidas deixaram de ter importância com o tempo, principalmente por eu saber que nunca terei as respostas. Eu não o odeio por não saber quais foram as verdades ou mentiras ditas por ele para criar meu conto de fadas. Hoje eu me curei das histórias de princesas e encontrei outra pessoa que me dá tanto amor quanto ele me deu e que não me induz a viver uma ficção.

Hoje eu tenho uma balança de coisas boas e ruins na vida.

Eu não vou dizer que o Igor estava certo ao se envolver comigo ou que ele era um príncipe perfeito como eu pensava que era.

Também não vou dizer que ele se aproveitou da minha ingenuidade, mas talvez ele tenha se aproveitado de um sonho que eu cultivava.

Mesmo que tenha acontecido tudo muito errado, fico feliz que ele tenha realizado este meu sonho.

Mesmo sabendo, hoje, que ele agiu com perversidade, durante aqueles seis meses, eu era a princesa dele e ele era o meu príncipe.

Várias mulheres me amaldiçoaram e muitas outras vão me amaldiçoar, principalmente após lerem tudo que foi escrito aqui. Dizem que eu não presto por ter amado ele, que eu estava gostando e que sou uma "puta". Queria dizer a vocês que eu estava gostando sim, naquele tempo sim, ele me fez "virar mulher" ou pelo ao menos fez eu acreditar que tinha virado. Mas essa história que eu vivi, muitas de vocês vivem já na vida adulta e se calam.

Quantas mulheres adultas fizeram coisas que não queriam apenas por dependência emocional?

Pensaram: "Tudo bem, não quero, mas não me custa nada", apenas para seu príncipe permanecer ao seu lado. Pensaram "Tanto faz", se ele é certo ou errado, afinal, todos erram...

Eu assumo que errei sim, poderia ter falado antes, mas em minha inocência, minha infância já deveria terminar.

Nunca pedi pra ele me conquistar.

Nunca olhei pra ele antes que ele olhasse para mim.

Não conhecia a palavra "tesão" antes que ele me ensinasse o que era aquele tremor pelo meu corpo.

Foi ele que me pediu um beijo, eu nunca pedi pra isso começar.

Também nunca pedi pra que ele se matasse por mim.

Me desculpem por eu ter nascido mulher em um mundo que não foi capaz de ter criado uma palavra para o gênero masculino equivalente a "puta" para que eu o chamasse assim também.

Não tenho mágoas da pessoa que Igor foi, confesso que nunca

consegui odiá-lo, nem mesmo por ele ter me abandonado.

Eu tenho total certeza que desde cedo os filmes, as novelas e principalmente os contos de fadas que me contaram em casa e na escola me influenciaram e me fizeram pensar que Igor era um príncipe. Talvez ele também tenha sido influenciado por histórias quando criança, por isso só consigo colocar a culpa no mundo a nossa volta. As mídias e o marketing nos bombardeiam todos os dias a sermos intensos no amor, haviam músicas que escutávamos juntos e que falavam claramente que éramos nós dois contra tudo. Bem, eu acreditei, no final acreditei tanto que se tornou nossa realidade por um momento.

Se eu pudesse dizer algo ao Igor hoje, eu diria a ele que o amei, de todo o meu coração, mas que hoje eu consegui matar esse amor, matei apenas muitos anos após ele matar a si mesmo. Avisaria a ele que eu comecei a fumar após sua morte a fim de superá-la, e que assisti ao filme "Perfume, a história de um assassino" que ele me recomendava sempre dizendo que se via no personagem principal, diria também que entendi o filme e vi o risco que eu corria ao lado dele. Também agradeceria por ele ter me proporcionado uma ilusão perfeita, e em seguida o xingaria por ele ter começado essa história irresponsável. Também diria que eu consegui tirar dos meus ombros toda aquela culpa que para a sociedade seria sensato eu carregar já que ele não estava mais aqui para dividi-la comigo.

Queria que todos refletissem por um momento:

Ao invés de me perguntarem porque eu não disse nada antes, porque ninguém perguntou, como o dr. Freud fez, o que nos levou a se envolver? Se esse amor era proibido, porque as mídias me dizem claramente que os amores impossíveis são os casos de amores perfeitos?

Não odeio aqueles que me culparam, que tanto me julgaram e ainda julgam. Isso porque eu também me culpei pela morte de Igor um dia e demorei anos pra entender que nunca fui eu, mas que sempre foi ele, que poderia ter evitado tudo isso...

Bem, eu não poderia me amar odiando quem cometeu o mesmo erro que eu, certo?

It's My Life (Jon Bon Jovi; Max Martin; Richie Sambora)

AGRADECIMENTOS:

Esta história jamais teria sido contada sem apoio psicológico e o incentivo de Fabiane, Jonathan e Stephane. Tão pouco eu teria desenvolvido minha crítica pessoal em relação ao caso sem ler os livros do Dr. Sigmund Freud, a quem eu já citei várias.

Em especial a todos os amigos espirituais que ajudaram através de comunicação mediúnica estabelecida na recuperação da vítima e em minha recuperação ao terminar de escrever o texto no qual foi preciso eu me inserir psicologicamente e sentir tudo o que ela sentiu por anos, durante 2 dias.

Agradeço também a todos os personagens que eu precisei trocar os nomes e que não poderei citar.

E finalmente a você leitor, que me deu a oportunidade de te apresentar meu trabalho!

Meu muito obrigada, a todos vocês!

Esta obra foi desenvolvida por Gabriela Caveira com arte de capa elaborada pelos serviços gráficos da Canidae Multi.

Canidae: @canidae.multi

Gabriela Caveira: @g.s.skull

(31) 99555-0142

gabriela.s.caveira@gmail.com

Manuscrito: 22 de agosto de 2020, Nova Lima - MG.